COLECCIÓN
LECTURAS CLÁSICAS GRADUADAS

Tradiciones peruanas

Ricardo Palma

Nivel I

GRUPO DIDASCALIA, S.A.
Plaza Ciudad de Salta, 3 - 28043 MADRID - (ESPAÑA)
TEL.: (1) 416 55 11 - FAX: (1) 416 54 11

Director de la colección:
Alfredo González Hermoso

***

Adaptadora de *Tradiciones peruanas:*
Sonia Chirú Ochoa

***

La versión adaptada sigue la edición de *Tradiciones peruanas,* de Ricardo Palma;
Aguilar S. A. de Ediciones, Madrid 1953. Edición de Edith Palma.

1ª Edición: 1997

Coordinación editorial: Departamento de Edición Edelsa.

Diseño de cubierta, maquetación:
Departamento de imagen EDELSA
Fotocomposición: Fotocomposición Crisol, S.A.
Fotografía portada: Brotons
Filmación: Alef de Bronce
Imprenta: Gráficas Movimar

© 1997, EDITORIAL EDELSA grupo Didascalia, S. A.

I.S.B.N.: 84-7711-173-1
I.S.B.N. (de la colección): 84-7711-103-0
Depósito legal: M-19877-1997
Impreso en España

Desde los primeros momentos del aprendizaje del español, el estudiante extranjero se siente atraído por los grandes nombres de la literatura en español, pero, evidentemente, no puede leer sus obras en versión original.

De ahí el objetivo de esta colección de adaptar grandes obras de la literatura en lengua española a los diferentes niveles del aprendizaje: elemental, intermedio, avanzado.

En todos los títulos hay:

- Una breve **presentación** de la vida y obra del autor.

- Una **adaptación** de la obra con las características siguientes:
    - mantener los elementos importantes de la narración y la acción;
    - conservar todo lo más posible las palabras y construcciones del autor según el nivel (I, II, III) de la adaptación;
    - sustituir construcciones sintácticas y términos léxicos que sean difíciles o de poco uso en la actualidad.

- Una **selección** de partes significativas de la obra en su **versión original**. El lector, una vez leída la adaptación, puede seguir así los momentos principales del relato.

- La **lista de palabras** de la obra adaptada, agrupando en la misma entrada a las de la misma familia léxica. El lector puede elaborar así su propio diccionario.

- Una **guía de comprensión lectora** que ayuda a elaborar la **ficha resumen** de la lectura del libro.

Y en algunos títulos hay:

- Una casete audio que permite trabajar la comprensión oral.

- Una casete vídeo en versión original que complementa la lectura.

La colección de **Lecturas clásicas graduadas** pretende que el lector disfrute con ellas y que de ahí pase a la obra literaria íntegra y original.

Lecturas clásicas graduadas

Vida

P

Escritor peruano del siglo XIX.

Nació en Lima el 7 de febrero de 1833.

Fue hijo de Pedro Palma y Dominga Soriano.

Estudió Economía política y Contabilidad en el colegio de don Pascual Guerrero.

Participó en la vida política y revolucionaria tanto en el Perú como en otros países de América del Sur.

a

Tuvo que irse del país de 1860 a 1863, después de un intento de asalto a la casa del presidente.

Lo nombraron cónsul en 1864; viajó por Europa y volvió a América en 1865.

Participó en la guerra peruano-chilena entre 1879 y 1881, y perdió su casa en el incendio de Lima por los chilenos.

l

Fue director de la Academia peruana de la lengua (1917-1918).

Murió el 6 de octubre de 1919, a los 86 años de edad.

Obra

m

Ricardo Palma fue el típico romántico hispanoamericano, hombre de acción y de letras.

Fue poeta, crítico, historiador *(Anales de la Inquisición de Lima)*, prosista y lexicógrafo *(Neologismos y americanismos, Papeletas lexicográficas)* y dramaturgo *(Rodil, La hermana del verdugo, La muerte o la libertad)*.

Colaboró con diversos periódicos en Lima.

Sus *Tradiciones peruanas,* publicadas en periódicos y revistas del Perú, le han dado gran notoriedad dentro y fuera del país.

a

Tradiciones peruanas

P

Las *Tradiciones peruanas* son relatos que presentan una crónica de la nación peruana, desde la conquista hasta la independencia: la tragedia de la caída del gran imperio de los Incas, la violencia de la conquista, la colonia con sus leyendas y realidades, los héroes de la patria en las luchas de independencia.

Los primeros relatos se publican en periódicos y revistas desde 1863, y la primera serie de 20 relatos es editada en 1872. A esta primera serie se van a sumar cinco más, que con el tiempo y las numerosas ediciones se modifican y enriquecen.

a

Con sus *Tradiciones peruanas*, Palma logra crear un nuevo género de narración que tendrá gran impacto en toda Hispanoamérica.

Esta selección aspira a hacer una síntesis representativa de las narraciones.

l

Así, las tres primeras se sitúan en la época gloriosa de los Incas, y la tercera anuncia ya la caída del Imperio. Luego, los aspectos de la época colonial, marcada por las luchas que se dieron entre los conquistadores para afianzar su control sobre el nuevo mundo y sus riquezas. Y por último, la independencia y sus consecuencias.

m

a

La gruta[1] de las maravillas
(1180)

E

[1] *gruta:* cavidad bajo la tierra.

n la provincia de Chumbibilcas hay una gruta y ésta es una verdadera maravilla de la naturaleza.

Dice la historia que nada era imposible para Mayta-Capac, cuarto Inca[2] del Cuzco.

[2] *Inca:* el imperio de los Incas lo fundó, en el siglo XII, una tribu que era de la región del Titicaca. Los Incas dominaron toda la zona de los Andes, desde el sur de Colombia hasta Argentina y Chile. Su imperio cayó con la conquista española a principios del siglo XVI. El Cuzco era la capital del imperio.

[3] *pantano:* lugar donde hay aguas de profundidad variable y fondo inestable.

[4] *legua:* medida que equivale en tierra a 5.572 m.

[5] *Apurimac:* río del Perú.

Dicen que una vez estaba el Inca con todo su ejército ante un gran pantano[3] que le cortaba el camino. Para seguir, el Inca ordenó hacer una calle de piedra de seis leguas[4], y así todas sus tropas cruzaron el pantano.

Hacia el año 1181, el Inca fue a conquistar el país de los chumpihuillcas. El jefe de éstos era el joven Huacari. Cuando oyó la noticia, Huacari se fue con siete mil soldados al lado del Apurimac[5], para defenderse.

Mayta-Capac ordenó hacer un puente colgante y pasó con sus treinta mil soldados al otro lado del

V. O. nº 1 en pág. 49

río. Éste fue el primer puente así que se vio en América.

Muchos de los hombres de Huacari huyeron cuando vieron la fuerza de Mayta-Capac.

Huacari reunió a sus amigos y como vio que no podía hacer nada contra Mayta-Capac, decidió encerrarse en su palacio. Prefirió morir allí encerrado, con su familia y sus amigos, para no obedecer a Mayta-Capac.

⁶ *patriotismo:* amor a la patria o lugar de origen.
⁷ *estalagmita:* estalactita que se forma en el suelo y toma formas diversas. La estalactita es la acumulación de cal que se forma en las grutas a causa del agua que se filtra por la tierra.

Los dioses estaban tristes por la mala suerte de un jefe tan joven y bueno, y para premiar su patriotismo[6], los convirtieron en estalagmitas[7] que se reproducen día a día en la gruta de las maravillas. En una parte de esa gruta se ve a Huacari, que parece decir a sus amigos: "Mejor morir que servir."

Ésta es la historia de la gruta de las maravillas.

La achirana[8] del Inca
(1412)

[8] *achirana:* canal de regadío.
[9] *Ica:* región rica y fértil de Perú.

En 1412, el Inca Pachacutec quiso conquistar la región de Ica[9]. El Inca, que iba con su hijo, prefería conquistar Ica sin pelear. Por eso ofreció su protección a los habitantes. Ellos aceptaron y lo recibieron muy bien.

Cuando visitaba la región, Pachacutec llegó a un lugar llamado Tate. Allí vivía una mujer con su hija. La muchacha era muy bella. El Inca pensó que podía conquistar a la joven tan fácilmente como la región. Pero ella amaba a un joven de su pueblo y no aceptó al poderoso Inca.

Al fin, Pachacutec le dijo:

-Quédate tranquila, y sé feliz. Pídeme algún favor, para ti y los tuyos. Así recordarán mi amor por ti.

-Señor -dijo la joven- gran Inca eres. Sólo te pido agua para esta región. Así te recordaremos siempre.

V. O. nº 2 en pág. 49

-¡Adiós, amor de mi vida! Espera diez días y verás lo que quieres.

Durante diez días los cuarenta mil hombres del ejército trabajaron para abrir un canal que empezaba en el Molino y terminaba en Tate, donde vivía la joven.

Hoy, el agua de la *achirana del Inca* riega todas las tierras de esa región.

Ésta es la historia de la achirana del Inca, que quiere decir *agua que corre hacia lo bello.*

Palla-huarcuna
(1430)

Adónde va el hijo del Sol con todos sus servidores?

Tupac-Yupanqui pasea por todo su imperio y todo el pueblo aplaude a su Inca, porque él les da riqueza y felicidad.

Ha vencido a la tribu de los pachis. ¡Soldado de traje rojo! Has vencido y las gentes salen a verte para admirarte.

¡Mujer! Lleva a tus hijos de la mano para ver a los soldados del Inca. Así aprenderán a pelear por la patria.

[10] *cóndor:* pájaro sagrado de los Incas.

El cóndor[10], herido a traición, ha caído sobre el punto más alto de los Andes. El gran sacerdote ha dicho que se acerca la ruina del Imperio Inca, y que otras gentes van a llegar con su religión y sus leyes.

De nada sirve llorar, ¡oh, hijas del Sol!, porque todo va a ser verdad.

V. O. nº 3 en págs. 49-50

¡Felices los viejos, pues no verán la infelicidad de sus hijos!

¡Bellos son tus cantos, niña bella, pero en ellos se nota tu tristeza!

Cantas ante el Inca, pero tu amado es uno de sus prisioneros.

[11] *Izcuchaca:* localidad de los Andes peruanos.

La noche cae sobre los montes y llegan a Izcuchaca[11].

De pronto, algo pasa: la bella esclava del Inca ha querido huir con su amado. El prisionero muere mientras la defiende.

Tupac-Yupanqui ordena la muerte de la esclava.

Y ella oye la orden con alegría, porque sabe que la tierra no es la patria del amor eterno.

[12] *Huynanpuquio:* localidad de los Andes peruanos.

Si quieres saber dónde murió la bella esclava, mira bien los cerros entre Izcuchaca y Huynanpuquio[12], verás una roca que tiene la forma de una india con un collar en el cuello y plumas en la cabeza. Los habitantes llaman a ese lugar *Palla-huarcuna.* Allí dicen que sale el fantasma de la esclava. Los habitantes no pasan por ahí de noche, pues dicen que el fantasma se come a los que pasan.

Los caballeros de la capa[13]
(1541)

[13] *capa:* abrigo amplio y sin mangas. Era signo de elegancia.

[14] *héroe:* persona valiente.

[15] *Diego de Almagro (1475-1538):* acompañó a Pizarro en la conquista del Perú. Entró en conflicto con Pizarro por la posesión del Cuzco. Los seguidores de Pizarro lo mataron en 1538.
Su hijo Diego (llamado *el Mozo),* fue el jefe de los caballeros que mataron a Pizarro en 1541.

[16] *Francisco Pizarro (¿1478?-1541):* conquistador del Perú junto con Almagro y Luque. Carlos I de España lo nombró gobernador de las tierras conquistadas. Apresó al Inca Atahualpa y lo hizo ejecutar (1532). Entró en Cuzco en 1533.

l 5 de junio de 1541, en la casa de Pedro de San Millán estaban doce españoles, héroes[14] de la conquista del Perú. Por la casa y por la ropa se veía que eran muy pobres.

Los doce españoles eran los amigos de Almagro[15], vencidos el 6 de abril de 1538 por don Francisco Pizarro[16].

En aquel tiempo, ningún español salía a la calle sin su capa. Con frío o con calor, el español antiguo siempre llevaba su capa.

Los doce hombres eran tan pobres que sólo tenían una capa para todos; y cuando alguno tenía que salir, los otros se quedaban en casa.

Antonio Picado, el secretario de Pizarro, un día los llamó *Los caballeros de la capa.* Todos se rieron con esto y los caballeros se quedaron con ese sobrenombre.

Picado tenía gran influencia y llevó a Pizarro a actuar[17] contra los caballeros.

[18] *Cristóbal Vaca de Castro (m. en 1566):* gobernador del Perú. Enviado por el rey Carlos I para resolver los problemas entre Pizarro y Almagro (1541), tuvo que enfrentarse a Almagro el Mozo. Después de matarlo, restableció el orden en el Perú.

[19] *almagristas y pizarristas:* los seguidores de Almagro y de Pizarro respectivamente.

[20] *insulto:* ofensa.

[21] *mozo:* joven.

[22] *mortaja:* tela para envolver el cadáver cuando se va a enterrar.

Desde 1541 se esperaba a don Cristóbal Vaca de Castro[18]. El rey lo mandaba a poner orden en el Perú entre almagristas y pizarristas[19]. Pero Vaca de Castro no llegaba.

Los insultos[20] de Picado llevaron a los almagristas a declarar la guerra a Pizarro y a su secretario.

-Prometemos morir defendiendo los derechos de Almagro el Mozo[21], y hacer en esta capa la mortaja[22] para Antonio Picado.

***

Por todas partes se veía que los almagristas estaban preparando la revolución. Pizarro llamó al palacio a Juan de Rada, amigo de Almagro el Mozo y que tenía gran influencia entre los almagristas.

-¿Qué es eso, Juan de Rada, que dicen que estás comprando armas para matarme?

-Es verdad, señor. He comprado dos, para defenderme.

-¿Para defenderte de qué?

-Porque nos dicen, señor, que estás buscando armas para matarnos a nosotros. También se dice que quieres matar a don Cristóbal Vaca de Castro. Sólo te pregunto, señor: ¿por qué matar al joven don Diego? Él es inocente. Envíalo fuera del país y yo me iré con él.

-¿Quién te ha dicho eso? Yo quiero tanto como tú la llegada de Vaca de Castro. Él ayudará a encontrar la verdad.

Después de esta conversación, Pizarro pensó que no había razón para tener miedo. Más tarde veremos que debía escuchar a su enemigo y desterrar al joven Diego de Almagro.

[23] *clérigo:* religioso que pertenece a la Iglesia Católica.

En la tarde del 25 de junio, un clérigo[23] le hizo saber que los almagristas querían asesinarlo. Pero el marqués no se preocupó.

Más tarde, el joven que le ayudaba a vestirse le dijo:

-Señor marqués, todo el mundo dice por las calles que los almagristas quieren matarle.

[24] *apresar:* poner en prisión.

El domingo 26 de junio, Pizarro, preocupado, llamó al alcalde mayor, Juan de Velázquez. Le ordenó vigilar a los almagristas y apresar[24] a los jefes si sabía de algo.

[25] *vara:* palo largo y delgado; aquí, símbolo del poder del alcalde.

-No se preocupe, señor -dijo Velázquez- que si yo tengo en la mano esta vara[25], ¡por Dios, que nada malo puede pasar!

Y. O. nº 4 en págs. 50-51

Velázquez hablaba mucho. Habló de la preocupación de Pizarro con varias personas. Así llegó la noticia a Pedro de San Millán. Éste se fue a casa de Rada. Allí estaban los revolucionarios y les dijo:

-Ya es tiempo de actuar, pues si lo dejamos para otro día, primero nos matan a nosotros.

Diecinueve hombres salieron para el palacio.

Más de quinientas personas los vieron pasar desde la plaza. Algunos dijeron:

-Ésos van a matar al marqués o a Picado.

El marqués y gobernador del Perú, don Francisco Pizarro, estaba en uno de los salones del palacio, reunido con algunas personas importantes, cuando entró un paje gritando:

-Los almagristas vienen a matar al marqués, mi señor.

Todos corrieron hacia la calle, y el alcalde Velázquez se puso la vara de alcalde en la boca y huyó por una ventana. Así se podía decir que si algo malo le pasaba al marqués, era porque él tenía la vara en la boca y no en la mano.

Pizarro no tuvo tiempo para ponerse la armadura[26]. Salió a defenderse con la ayuda de su hermano Mar-

[26] *armadura:* conjunto de armas de hierro que llevaban los que iban a combatir.

V. O. nº 4 en págs. 50-51

tín de Alcántara, de Juan Ortiz de Zárate y de dos pajes.

El marqués, con sus sesenta y cuatro años peleaba como un joven y gritaba furioso con la espada en la mano:

[27] *desvergüenza:* falta de vergüenza; es decir, de timidez o de temor a hacer algo incorrecto.

[28] *bandolero:* persona que ataca a otra para coger sus bienes o para matarla.

—¡Traidores! ¿Por qué me queréis matar? ¡Qué desvergüenza[27]! ¡Venir así, como bandoleros[28], a mi casa!

En eso, el caballero Martín de Bilbao le golpeó con la espada en el cuello.

El conquistador del Perú sólo dijo una palabra:

—¡Jesús!— y cayó.

Con él murieron Martín de Alcántara y los dos pajes. Ortiz de Zárate quedó herido.

[29] *catedral:* iglesia principal en una ciudad.

Por la noche, dos servidores del marqués lo lavaron, lo vistieron y lo enterraron en el terreno de la catedral[29]. Todavía hoy están allí los restos de Pizarro.

[30] *tirano:* persona que gobierna y abusa de su poder.

Después, los almagristas salieron a la plaza gritando: ¡Viva el rey! ¡Ha muerto el tirano[30]! ¡Viva Almagro!

[31] *ayuntamiento:* grupo que administra una ciudad o pueblo.

A las tres de la tarde más de doscientos almagristas formaban el nuevo ayuntamiento[31]. Nombraron gobernador a Almagro el Mozo y jefe del ejército a Juan de Rada.

Hay que decir que el jefe de la revolución fue siempre Juan de Rada. Almagro el Mozo no sabía los planes de sus amigos y nadie le preguntó nada para matar a Pizarro.

El alcalde Velázquez huyó de Lima con su hermano, pero más tarde lo mataron los indios.

[32] *tesorero:* persona que guarda y distribuye el dinero.

Antonio Picado estaba en casa del tesorero[32] Riquelme. Éste, cuando los almagristas llegaron a buscarle, dijo:

-No sé dónde está el señor Picado- y al mismo tiempo señalaba dónde estaba.

Los almagristas juzgaron a Picado y el 29 de septiembre le cortaron la cabeza en la plaza.

La promesa de los caballeros de la capa se cumplió. La famosa capa sirvió de mortaja a Antonio Picado.

***

Almagro el Mozo gobernó catorce meses y medio. Vaca de Castro tuvo que organizar una batalla para vencerlo.

Como tenía pocos amigos en Lima, don Diego tuvo que irse al Cuzco.

Durante este tiempo, varios de los caballeros de la capa se mataron unos a otros y Juan de Rada murió enfermo y cansado. La muerte de Juan de Rada fue el fin para los almagristas.

El domingo 16 de septiembre de 1542 terminó la revolución con una batalla donde hubo muchos muertos y heridos. La mayoría de los caballeros de la capa murieron en la batalla, y los otros fueron apresados y condenados a muerte.

Almagro el mozo peleó hasta el último momento. Cuando ya la batalla estaba decidida, Diego de Méndez lo obligó a dejar la pelea. Pero Méndez quiso pasar por el Cuzco para decir adiós a su amada y allí apresaron a Almagro el Mozo.

[33] **tribunal:** lugar donde se juzgan los delitos. También se llama así a los jueces que se reúnen allí para este fin.

El tribunal[33] condenó a don Diego a muerte. Entonces dijo:

-Espero a Vaca de Castro ante el tribunal de Dios. Ahí nos juzgarán sin pasión. Y como muero en el mismo lugar que mi padre, pido sólo que me pongan junto con él.

[34] **Panamá:** país de Centroamérica. Desde Panamá se descubrió el Océano Pacífico (Vasco Núñez de Balboa, 1513), que llevó al descubrimiento del Imperio Inca. Allí llegaban los barcos desde España, y de ahí salían las expediciones hacia el sur.

Este joven tenía veinticuatro años de edad, era hijo de una india noble de Panamá[34], no muy alto, bello y valiente. Tenía la inteligencia de su padre. Era bueno con sus amigos y por eso todos lo querían.

Así, con el triste fin de Almagro y sus amigos, se acabó con el bando de los caballeros de la capa.

El Demonio[35] de los Andes
(1544-1565)

n Arévalo, ciudad de Castilla la Vieja[36], nació Francisco de Carbajal, muy conocido en el Perú como *El Demonio de los Andes.*

En el Perú le dieron este nombre por valiente y también porque decían que era muy cruel[37] con sus enemigos.

Peleó durante treinta años en Europa y por fin se fue al Perú con don Francisco Pizarro para ayudar en la conquista, y muy pronto se hizo rico gracias a él.

Después de la muerte de Pizarro, Carbajal combatió con mucha fuerza a los almagristas y ayudó a vencerlos.

Pero Bartolomé de las Casas[38] obtuvo de Carlos V[39] las ordenanzas[40] en favor de los indios. El virrey[41] Blasco Núñez de Vela, primer virrey del Perú, hizo muy mal su trabajo y muchos españoles no aceptaban estas ordenanzas.

Carbajal pensó que estas ordenanzas no eran buenas para los conquistadores. Tomó sus riquezas y quiso volver a España. Pero no había ningún barco.

42 *Gonzalo Pizarro:* hermano de Francisco, había venido con él y otros hermanos suyos que participaron en la conquista del Perú.

Gonzalo Pizarro[42], hermano de Francisco, se rebeló contra el virrey y, como Carbajal era fiel a los Pizarro, entró a pelear con él y venció a las tropas del virrey el 18 de enero de 1546. Carbajal tenía entonces más de ochenta años.

43 *conocedor:* persona que sabe de algo.
44 *Adán:* primer hombre creado por Dios, según la Biblia.

Después de esa victoria, Gonzalo parecía ser el más fuerte. Carbajal, que era valiente y también muy conocedor[43] de política, le escribía: "Debéis declararos rey de esta tierra conquistada por vuestras armas. Adán[44] no dio a los reyes de España el imperio de los Incas. Francia y Roma os ayudarán si queréis y yo estaré siempre aquí para ayudaros en la vida y en la muerte."

Pero estaba claro que Gonzalo no podía ser rey. Respetaba mucho al rey y no podía decidirse a declarar la independencia del Perú.

El rey mandó a Pedro de La Gasca para poner orden en el Perú. Entonces, los *amigos* empezaron a traicionar a Gonzalo. Algunos no lo hacían porque le tenían miedo a Carbajal.

En Lima, Pizarro tenía pocos amigos y tuvo que salir al sur y presentar batalla en Huarina. Sólo tenía

V. O. nº 5 en págs. 51-52

quinientos hombres contra los mil doscientos de Diego Centeno. Pero, gracias a la valentía de Carbajal, el bando de Pizarro logró la última victoria.

***

El gran Carbajal era famoso por su valentía pero también por su crueldad.

Dicen que en el Cuzco, Doña María Calderón, esposa de un soldado de las tropas de Centeno, decía a todo el mundo que Gonzalo Pizarro era un tirano y que pronto el rey iba a acabar con él.

Carbajal le dijo tres veces a doña María:

[45] *comadre:* femenino de *compadre*. En la Iglesia Católica, son compadres los que presentan juntos a un niño ante la Iglesia. En general son el padre, la madre y otras dos personas. Éstos últimos son los padrinos del niño.

-Comadrita[45], no hable tanto. Que si sigue hablando tanto, la hago matar. Somos compadres, pero no servirá de nada si usted sigue hablando tanto.

Doña María no hizo ningún caso. Cuando Carbajal vio que seguía igual, se fue a su casa y le dijo:

-Señora comadre, vengo a matarla.

Y la mató.

***

Por fin, el 9 de abril de 1548 fue la batalla de Saxsahuamán.

Pizarro, por miedo a la crueldad de Carbajal, dio el segundo lugar a Cepeda y Carbajal tuvo que pelear como simple soldado.

Al primer ataque, Cepeda y otros traicionaron a Pizarro y se fueron al otro bando. Así vencieron, en esa batalla, a Gonzalo Pizarro y al *Demonio de los Andes*.

Los vencedores juzgaron y condenaron a muerte a Gonzalo Pizarro y a Francisco de Carbajal. Así, *el Demonio de los Andes* murió el 10 de abril, a los ochenta y cuatro años de edad.

El pez chico
(1575)

P

or los años de 1575 había en Trujillo un indio conocido entre los españoles con el nombre de don
Antonio Chayhuac. Entre los indios le conocían como el hijo del último cacique[46] de Masinche.

[46] *cacique:* jefe indio.

Don Antonio vivía pobremente y trabajaba la tierra.

En ese tiempo, un joven español que era buhonero[47]
iba siempre de Lima a Trujillo. Garci-Gutiérrez de
Toledo, que así se llamaba, iba siempre a casa del
cacique y poco a poco se hicieron amigos. Así, Garci-Gutiérrez de Toledo llegó a ser padrino[48] de dos
hijos de don Antonio.

[47] **buhonero:** vendedor de
objetos baratos que iba de
un lugar a otro.

[48] *padrino:* entre los cristianos,
el que con los padres presen-
ta a un niño en la iglesia.

Las cosas iban mal para Garci-Gutiérrez. Quería ser
rico pero su negocio no era bueno. Su compadre le
decía:

-Ten paciencia,

Pero Garci-Gutiérrez quería dinero y no palabras.

Un día, Garci-Gutiérrez estaba conversando con su compadre y hablando de su mala suerte, cuando de pronto don Antonio le dijo:

-Pues bien, compadre, ya que piensas que tu felicidad está en el oro, voy a hacerte el hombre más rico del Perú. Pero prométeme ser bueno con los pobres y dar una parte del tesoro[49] a la Iglesia.

Garci-Gutiérrez pensó primero que el cacique se reía, pero quería ser rico y prometió todo lo que le pedía don Antonio.

Hoy, por el lado del mar, cerca de Trujillo, se ven las ruinas de una gran población de la época de los Incas. Esas ruinas fueron el centro del Gran Chimú.

Don Antonio llevó al español a una huaca[50], entre las ruinas. Los dos compadres entraron en un lugar donde había muchos objetos de oro.

Garci-Gutiérrez casi se volvió loco. Iba de un lugar a otro, reía, lloraba y abrazaba al indio.

En el centro de la huaca había un pez. Era de oro, y los ojos eran dos esmeraldas[51] bellísimas. El español se quedó inmóvil, mirándolo.

-Pues todo es tuyo -le dijo don Antonio-; hoy te doy la huaca del Pez chico. Sé feliz, y, si cumples tu promesa, algún día te llevaré a la huaca del Pez grande.

[49] *tesoro:* dinero u objetos de gran valor.

[50] *huaca:* lugar donde los indios enterraban a sus muertos, en general con los objetos que les pertenecían. Es también un lugar donde se esconden cosas.

[51] *esmeralda:* piedra preciosa de color verde.

V. O. nº 6 en pág. 52

Desde que Garci-Gutiérrez se vio rico, se olvidó de los pobres.

En aquel momento, el virrey don Francisco de Toledo llegaba a Lima.

Garci-Gutiérrez fue a visitarlo, y le regaló objetos de oro por valor de veinte mil pesos.

[52] *pariente:* miembro de la misma familia.

-No mire, señor, en mi regalo -le dijo- más que la amistad de un pariente[52] -. Toledo es usted, y yo soy Garci-Gutiérrez de Toledo.

-Que sea por muchos años, pariente -le contestó don Francisco.

Garci-Gutiérrez estaba contento. El virrey le llamaba "pariente" delante de todos. El virrey pensaba que bien se podía llamar pariente a quien le traía tan buenos regalos.

Corrían los años y Garci-Gutiérrez sólo hablaba de su primo el virrey y se gastaba su dinero en fiestas con los ricos. ¿Dar dinero para la Iglesia? Ni lo pensaba.

Llegó por fin el día en que se le acabó todo el dinero. Pensó, entonces, en su compadre, el cacique de Masinche. Fue hasta Trujillo y cuando vio a don Antonio le dijo:

-Compadre Antonio, no tengo dinero.

-No me sorprende, compadre Garci-Gutiérrez. ¿Y cómo puedo servirle, señor compadre?

-Dándome la huaca del Pez grande.

-No estoy loco todavía, y no hablemos más de eso. Moriré con mi secreto.

[33] *suplicar:* pedir con insistencia y humildad.

Garci-Gutiérrez suplicó[53], lloró, hizo todo lo que pudo para convencer al indio. No obtuvo nada y tres meses después volvió a Lima. Esperaba tener la ayuda de su primo el virrey. Pero hacía una semana que el virrey había salido para España.

Al verlo pobre, sus antiguos amigos de fiestas le huían; y como Garci-Gutiérrez nunca ayudó a los pobres, éstos tampoco le ayudaban.

Viejo y enfermo, obtuvo una habitación en el convento de los padres franciscanos.

***

[54] *rescate:* lo que se paga para dar libertad a un prisionero.

Dice la historia que cuando Francisco Pizarro apresó al Inca Atahualpa, éste le ofreció pagarle en oro su rescate[54]. Para ello, el Inca mandó mensajeros por todo el imperio. Gran parte del rescate estaba ya en Cajamarca cuando Pizarro ordenó matar al Inca.

Cuando supieron esto, muchos de los mensajeros que iban para Cajamarca decidieron enterrar los tesoros que llevaban.

Éste fue el origen de las huacas del Pez grande y del Pez chico.

Hoy se hacen grandes trabajos para encontrar la huaca del Pez grande. Sin ningún resultado. Sólo de vez en cuando sale algún objeto de oro de entre las ruinas del Chimú, y los hombres creen que encontrarán el tesoro.

Don Dimas de la Tijereta
(1706?)

⁵⁵ *escribano:* en América, el que escribe todos los documentos legales.

⁵⁶ *picardía:* aquí, mala acción, hecha con engaño.

⁵⁷ *pícaro:* persona poco honrada, que hace picardías.

⁵⁸ *enamorarse:* sentir amor.

⁵⁹ *avaro:* que acumula dinero pero no lo gasta.

⁶⁰ *fingir:* hacer creer algo que no es cierto.

A principios del siglo pasado, había un escribano[55] llamado don Dimas de la Tijereta.

Por las picardías[56], don Dimas era el mejor de la profesión. Y eso que los escribanos son conocidos por pícaros[57].

Ya viejo, don Dimas se enamoró[58] de Visitación, una muchacha mucho más joven que él.

Don Dimas era muy avaro[59], pero para seducirla le hacía muchos regalos carísimos. Pero Visitación fingía[60] no hacerle caso.

El escribano llegaba todas las noches a casa de Visitación y después de saludarla, se ponía a convencerla de su amor. A ella sólo le importaba el escribano por su dinero, pero no se lo dejaba ver.

Una noche, Tijereta quiso hacerse más exigente. Ella le ordenó salir de su casa pues estaba cansada de verlo.

Salió de casa de la muchacha y se fue caminando. Pensaba en su mala suerte. Hacia las doce estaba al pie del Cerro de las Ramas. El viento le refrescó un poco la cabeza y dijo:

—¡Daré al diablo mi almilla a cambio del amor de esa muchacha!

Satanás lo oyó y llamó a Lilit, su ayudante.

V. O. nº 7 en págs. 52-53

—Ve, Lilit, al Cerro de las Ramas y haz un contrato al hombre que ahí está. Ese hombre tiene muy poco amor por su alma[61], pues la llama "almilla". Dale lo que pide.

[61] *alma:* principio de la vida según la tradición judeocristiana, que va al cielo después de muerta la persona, si ésta era una persona buena, o al infierno si no lo era.

No se sabe lo que se dijeron Lilit y don Dimas, pero Lilit volvió al infierno con un contrato que decía: "Yo, don Dimas de la Tijereta, doy mi almilla a Satanás a cambio del amor de una mujer. Prometo pagar la deuda[62] en tres años."

[62] *deuda:* dinero o favor que se debe a alguien.

Al volver el escribano a su casa, salió a abrirle la puerta la misma Visitación. Ésta abrazó a Tijereta con mucho amor. Lilit cumplía su contrato.

Pasaron tres años y Tijereta tenía que pagar su deuda. Así, sin saber cómo llegó al Cerro de las Ramas donde Lilit lo esperaba. Don Dimas, tranquilamente, empezó a desnudarse[63], pero el diablo le dijo:

[63] *desnudarse:* quitarse la ropa.

-No se moleste usted. Tengo fuerza para llevarlo vestido.

-Pues, si no me desnudo, no puedo pagar mi deuda.

-Haga usted como quiera, todavía tiene un minuto de libertad.

[64] *prenda de vestir:* ropa.

Por fin, el escribano se quitó una prenda de vestir[64], se la dio a Lilit y le dijo:

-Deuda pagada. Deme mi papel.

Lilit se rió. Era un diablo muy alegre.

-¿Y qué quiere usted que haga con esta prenda?

[65] *legal:* conforme a la ley.

-¡Hombre! Esa prenda se llama "almilla", y eso es lo que yo he vendido y nada más. Es legal[65]. Deme, señor diablo, el contrato, que ya está bien pagado.

-Yo no entiendo de picardías, señor don Dimas. Venga conmigo y ya verá usted con mi amo.

Entonces, Lilit se llevó a Tijereta al infierno. Éste iba gritando por el camino que iba a llamar a la gente de justicia y que lo iba a hacer condenar.

[66] *poner en tela de juicio:* juz-

Satanás, al oír todo esto, fue a ver lo que pasaba y decidió poner la cosa en tela de juicio[66].

Tijereta probó su buen derecho, pues la almilla es esa prenda de vestir que se lleva por dentro para la protección contra el frío. Y como el diablo es muy legal, Lilit tuvo que llevar a Tijereta hasta la puerta de su casa.

Pero cuando llegó a su casa, Visitación no estaba. Estaba en un convento. Satanás, por no perderlo todo, se quedó con la almilla.

[67] *desde entonces:* desde ese día.

[68] *constipadillo:* pequeño constipado, resfriado.

Todo el mundo sabe que desde entonces[67] los escribanos no llevan almilla. Por eso cualquier constipadillo[68] acaba pronto en pulmonía o en tuberculosis.

Con días y ollas[69] venceremos
(1821)

[69] *olla:* recipiente para cocinar.

[70] *José de San Martín:* general y estadista argentino, libertador de Chile y Perú.

[71] *santo, seña y contraseña:* palabras que permiten reconocerse entre sí a las personas que están en el mismo grupo.

[72] *hecho:* suceso.

A principios de junio de 1821, el ejército patriota del general San Martín[70] recibió el siguiente santo, seña y contraseña[71]: *Con días -y ollas- venceremos.*

Para muchos, el santo y seña era algo sin sentido. Los amigos de San Martín decían: "¡Locuras del general!".

Pero el santo y seña tenía sentido y es un hecho[72] importante de la historia del Perú.

San Martín quería entrar en Lima sin tener que pelear.

San Martín escribía en secreto a los patriotas de Lima y ellos le mandaban mensajes importantes. Esto daba buenos resultados para los patriotas.

[73] *fusilar:* matar con armas de fuego.

Pero los españoles fusilaban[73] a los que sorprendían con mensajes secretos. Era necesario encontrar un medio seguro para los mensajes.

Una tarde iba el general con un ayudante por la única calle de Huaura, cuando vio una casa vieja. La casa tenía en el patio las cosas necesarias para hacer obras de alfarería[74].

[74] *alfarería:* trabajo artesanal para fabricar objetos de barro.

San Martín dijo:

-¡Listo! Aquí está la solución al problema.

El dueño de la casa era un indio viejo, inteligente y amigo de los patriotas. Prometió a San Martín hacer una olla con doble fondo.

[75] *barro:* masa que forma la tierra con el agua.

El indio iba a Lima una vez por semana con dos mulas que llevaban platos y ollas de barro[75]. Entre éstas iba la olla revolucionaria igual a las otras. La olla llevaba en su doble fondo importantísimas cartas secretas. El indio pasaba con naturalidad y los soldados lo dejaban seguir su camino tranquilamente. ¿Quién iba a pensar que ese pobre indio viejo estaba en cosas de política?

***

El señor don Francisco Javier de Luna Pizarro vivía al lado de la Iglesia de la Concepción. Él debía verse con el indio. Éste pasaba a las ocho por la calle de la Concepción gritando: "¡Ollas y platos! ¡Baratos! ¡Baratos!". Pronto salían a la puerta todos los vecinos que querían algo.

Pedro Manzanares, mayordomo del señor Luna Pizarro, era un negrito hablador y peleón. Siempre venía a comprar una olla de barro y pagaba con un real[76]; pero al poco tiempo volvía a presentarse en la puerta con la olla en la mano y gritaba:

[76] *real:* aquí, moneda de poco valor.

-Oiga usted, indio ladrón[77], sus ollas se rompen todas... Cámbieme ésta que se la acabo de comprar...

[77] *ladrón:* persona que toma lo que no es suyo.

El indio sonreía y cambiaba la olla.

Y tanto se repitió la compra y cambio de ollas, que el barbero[78] de la calle dijo un día:

[78] *barbero:* persona que tiene por profesión cuidar las barbas y el pelo de sus clientes.

-Oye, tú, las ollas de barro y las mujeres, que también son de barro, se toman y es todo. Si no salen bien, se aguanta, sin molestar con gritos a los vecinos.

-Y a usted, ¿quién lo llamó aquí? -contestó el negrito Manzanares-. ¿Qué le importa a usted todo esto?

[79] *puñal:* arma blanca, cuchillo con punta.
[80] *José de La Serna e Hinojosa* (1770-1832): militar y gobernante español, último virrey del Perú.

El andaluz, furioso, tomó un puñal[79] y se fue sobre Perico Manzanares. Éste, sin esperar, entró en la casa de su amo. Este incidente pudo dar sospechas sobre las ollas. Por suerte, al día siguiente, 6 de julio, el virrey La Serna[80] salía de la ciudad. Los patriotas entraron en Lima en la noche del 9 de julio.

San Martín quería una victoria en Lima sin pelear. Gracias a las ollas, lo logró. El 28 de julio se declaraba en Lima la independencia del Perú.

V. O. nº 8 en pág. 53

Agua Mansa[81]
(1826)

l teniente Mantilla, de húsares[82] de Junín[83], era un valiente soldado. Se portó como un bravo en la guerra de Colombia y después en la del Perú[84]. No jugaba ni tomaba aguardiente[85]. Sólo las mujeres lo hacían pecar de vez en cuando, pero poco rato, pues no le gustaba estar mucho tiempo en ninguna parte.

Era un oficial que respetaba a sus superiores y que cumplía siempre con su deber. Tenía un carácter servicial[86] y bueno. Por eso sus compañeros lo llamaban *Agua Mansa*.

Durante la batalla era bravo, pero después de la batalla volvía a ser un buen muchacho, listo siempre para hacer un favor a un camarada.

Así era, pero ahora voy a contar cómo, de la mañana a la noche, *agua mansa* se convirtió en *agua brava*.

***

A principios de 1826, cuando ya el Perú era independiente, el gobierno decidió reorganizar el ejército.

El teniente Mantilla se quedó entonces sin trabajo.

Pasó varios meses en Lima esperando un puesto en el ejército.

Una mañana, muy impaciente, se fue a parar delante de la puerta del Ministerio de Guerra.

El ministro en aquel momento era el general don Tomás Heres, muy amigo de Bolívar. Era un hombre inteligente, sereno y a veces un poco brusco de carácter.

Esa mañana el ministro estaba nervioso. Mantilla le saludó militarmente y le dijo:

-Dios le guarde, mi general.

-¿Qué dice el teniente?

-Señor, el teniente dice que ya no puede soportar la miseria, que quiere volver a Colombia. Si usted manda a pagar lo que le deben, va a poder volver a su tierra.

-No hay plata[87] -contestó el ministro.

[87] *plata:* aquí, dinero.

V. O. nº 9 en págs. 53-54

-¿Y cómo vivo yo, mi general?

-¡Qué sé yo! ¡Del aire!

-¿Del aire? - repitió Mantilla.

[88] **robar:** quitar los bienes de otro.

-Sí, señor, del aire... o échese usted a robar[88].

[89] **escandalizarse:** asombrarse.

-¡Robar! - insistió escandalizado[89] el soldado.

-¿Hablo latín? -dijo el ministro-. Sí, señor, métase a ladrón, que es un oficio como cualquier otro.

-¿Sí, eh? Pues con su permiso, mi general.

Y el teniente Mantilla saludó militarmente, y se fue a su casa.

***

Tres días después había en Lurín la fiesta de San Miguel. Esa fiesta duraba una semana y todos los limeños se iban a Lurín. Había corridas de toros, peleas de gallos y muchos juegos.

[90] **vicioso:** que tiene malas costumbres.

El general Heres, que no sé si era jugador de ocasión o vicioso[90], fue a jugar. Tuvo mucha suerte y ganó mucho dinero. Metió el dinero en una maleta, la puso sobre el caballo y salió hacia Lima a las seis de la tarde. Iba solo con un ayudante y dos soldados. Pensaba llegar a Lima en cuatro horas.

Al pasar por un lugar que se llamaba La Tablada, se vieron de pronto rodeados por un grupo de diez hombres armados.

[91] *alto y pie a tierra:* orden para no seguir andando y bajar del caballo.

-¡Alto, y pie a tierra![91] -dijo el jefe.

Heres vio que era inútil resistir y obedeció.

Se acercó el ladrón y le dijo:

-Buenas noches, mi general. Por favor, deme la maleta.

-¡Usted, teniente Mantilla! ¡Un héroe de Junín! ¡Usted, mi teniente! -dijo don Tomás al reconocerlo.

-Yo mismo, mi general. Usted me mandó a robar; y yo siempre he obedecido las órdenes del superior. Ahora, conversemos menos y deme el dinero.

Fue inútil tratar de discutir y la maleta cambió de dueño.

***

[92] *terror:* miedo.
[93] *caminante:* persona que va a pie de un sitio a otro.

Así fue el primer robo del famoso capitán de ladrones *Agua Mansa*. Su banda fue hasta 1829 el terror[92] de los caminantes[93].

Su afición a las mujeres lo perdió. Un día, una Dalila que vivía cerca de la iglesia lo entregó sin defensa a la policía.

Quince día después Mantilla fue fusilado en la plaza de Santa Ana.

Doña Manuela Sáenz
(La Libertadora[94])
(1856)

[94] *La Libertadora:* en toda Hispanoamérica se dio a Simón Bolívar el sobrenombre de *el Libertador* porque peleó y liberó cinco países americanos. A doña Manuela Sáenz (1793-1859) la llamaban *la Libertadora del Libertador.*

[95] *bahía:* entrada de mar en la tierra.

n 1856, el puerto de Paíta no era un lugar muy agradable para los oficiales de marina. La bahía[95] era tranquila y el lugar muy sano, pero había muy pocas buenas familias para relacionarse. En cambio, los lugares de mala vida eran muchos y los marineros siempre iban a tierra a comer y a beber.

Yo casi siempre me quedaba en el barco con un libro o con algún compañero para conversar.

Una tarde, paseaba por las calles de Paíta con un joven francés. Mi compañero se paró cerca de la Iglesia y me dijo:

-¿Quiere usted, don Ricardo, conocer lo mejor que hay en Paíta? Yo lo presento y seguro que lo recibirán bien.

[96] *lindo:* bonito.

Pensé que mi amigo quería presentarme a alguna linda[96] muchacha. Como tenía veintitrés años y me gustaba divertirme, contesté:

-Con mucho gusto, amigo.

-Pues, *en route, mon cher.*

Llegamos a una casa que parecía pobre. Los muebles confirmaban esta impresión.

En el sillón de ruedas, estaba una mujer que parecía una reina. Tenía unos sesenta años y vestía pobremente. Pero era muy limpia y se notaba que en otros tiempos fue alguien importante.

Era una señora un poco gorda, de ojos negros muy animados, cara redonda y mano aristocrática.

-Mi señora doña Manuela -dijo mi compañero-, le presento a este joven, marino y poeta, porque sé que tendrá usted gusto de hablar con él de versos.

-Bienvenido a esta pobre casa, señor poeta -dijo la mujer. Y con un gesto de natural elegancia me indicó una silla.

Conversamos aquella tarde. Se notaba que era una mujer que sabía mandar. Su palabra era correcta y un poco irónica[97].

[97] *irónico:* que parece burlarse.

Desde aquella tarde encontré en Paíta algo interesante y cuando bajaba a tierra siempre iba a conversar una hora con doña Manuela Sáenz. Recuerdo también que siempre me recibía con dulces que ella misma hacía.

La pobre señora hacía muchos años que no podía caminar. Una criada la ayudaba para todo.

Cuando yo llevaba la conversación a temas históricos, doña Manuela no quería hablar del pasado.

[98] *encadenar:* poner cadenas, hacer perder la libertad. Aquí, volver fiel a Bolívar.

[99] *Simón Bolívar (1783-1830):* general y estadista venezolano nacido en Caracas. Liberó Venezuela, Colombia, el Perú, Bolivia y Ecuador. Fue un excelente orador y escritor.

Desde que, en 1850, doña Manuela se fue a vivir a Paíta, muchos viajeros que paraban en el puerto venían a verla. Querían conocer a la única mujer que logró encadenar[98] a Bolívar[99]. Al principio doña Manuela recibió con gusto las visitas, pero luego la molestaron y decidió recibir sólo a personas presentadas por sus amigos.

***

Doña Manuela Sáenz nació en una familia rica de Quito a finales del siglo XVIII. Estudió en un convento de su ciudad. En 1817 se casó con don Jaime Thorne, médico inglés, y pocos años después se fueron a vivir a Lima.

[100] *Pichincha:* volcán del Ecuador, donde fue la célebre batalla ganada por Sucre el 24 de mayo de 1822 contra las fuerzas realistas.

[101] *Antonio José de Sucre (1795-1830):* general y político venezolano. Junto con Bolívar, liberó Ecuador con la batalla de Pichincha (1822) y el Perú con la de Ayacucho (1824). Fue presidente de Bolivia de 1826 a 1828 y murió asesinado durante un viaje, entre Bogotá y Quito.

Los esposos se separaron hacia 1822 y doña Manuela volvió a Quito. Allí aparece entre las patriotas más activas de la capital.

Bolívar llegó a Quito después de la victoria de Pichincha[100], ganada por Sucre[101] en mayo de 1822.

En esa época empezaron los amores entre Bolívar y la bella Manuela.

Cuando Bolívar se fue al Perú, doña Manuela se quedó en Quito totalmente ocupada por la política.

[102] *Ayacucho:* ciudad del Perú fundada por Pizarro en 1539. Cerca de la ciudad se desarrolló la batalla decisiva de la independencia de América (9 de diciembre de 1824).

Poco antes de la batalla de Ayacucho[102] se reunió en Huaura con el Libertador.

Todos los generales del ejército respetaban a doña Manuela Sáenz como la esposa legítima de Bolívar. Sólo las mujeres la criticaban, pero a ella no le importaba.

Doña Manuela estaba en Lima cuando una división se rebeló contra Bolívar. Se disfrazó de hombre y entró en un cuartel para buscar el apoyo de un batallón. Fracasó y el nuevo gobierno le ordenó salir del país. Doña Manuela viajó a Bogotá para reunirse con Bolívar. Allí, Bolívar y ella vivieron juntos y la sociedad bogotana tuvo que aceptar el escándalo. La dama quiteña[103] vivía en el palacio de gobierno con su amante.

[103] *quiteño:* habitante de Quito.

[104] *septembristas:* nombre que se dio a los que el 25 de septiembre de 1828 intentaron asesinar a Bolívar.

Doña Manuela fue también la salvadora de la vida del Libertador. La noche en que los septembristas[104] invadieron el palacio, doña Manuela obligó a Bolívar a salir por un balcón. Luego, hizo frente a los asesinos para ganar tiempo y así éstos no encontraron a Bolívar.

V. O. nº 10 en pág. 54

Después de la muerte de Bolívar, en 1830, el gobierno del Perú dio una pensión a la Libertadora.

¿Por qué decidió la amada de Bolívar venir a vivir y a morir a uno de los lugares más tristes del Perú? Una vez se lo pregunté:

-Es porque un médico me aconsejó baños de arena para las piernas- me dijo.

Pero otros dicen que no quería volver a vivir en las grandes ciudades porque allí la admiraron mucho y ahora en su situación tenía miedo a las burlas.

Doña Manuela murió en 1859.

V. O. nº 1, de págs. 9-10

La gruta de las maravillas

Por los años 1181 de la era cristiana, Mayta-Capac emprendió la conquista del país de los chumpihuillcas, que eran gobernados por un joven y arrogante príncipe llamado Huacari. Éste, a la primera noticia de la invasión, se puso al frente de siete mil hombres y dirigióse a la margen del Apurimac, resuelto a impedir el paso del enemigo.

Mayta-Capac, para quien, como hemos dicho, nada había imposible, hizo construir con toda presteza un gran puente de mimbres, del sistema de puentes colgantes, y pasó con treinta mil guerreros a la orilla opuesta. La invasión del puente, primero de su especie que se vio en América, dejó admirados a los vasallos de Huacari e infundió en sus ánimos tan supersticioso terror, que muchos, arrojando las armas, emprendieron una fuga vergonzosa.

***

V. O. nº 2, de págs. 11-12

La achirana del Inca

Al fin, Pachacutec perdió toda esperanza de ser correspondido, y tomando entre sus manos las de la joven, la dijo, no sin ahogar antes un suspiro:

-Quédate en paz, paloma de este valle, y que nunca la niebla del dolor tienda su velo sobre el cielo de tu alma. Pídeme alguna merced que, a ti y a los tuyos, haga recordar siempre el amor que me inspiraste.

-Señor-le contestó la joven, poniéndose de rodillas y besando la orla del manto real-, grande eres y para ti no hay imposible. Venciérasme con tu nobleza a no tener ya el alma esclava de otro dueño. Nada debo pedirte, que quien dones recibe obligada queda; pero si te satisface la gratitud de mi pueblo, ruégote que des agua a esta comarca. Siembra beneficios y tendrás cosecha de bendiciones. Reina, señor, sobre corazones agradecidos más que sobre hombres que, tímidos, se inclinan ante ti, deslumbrados por tu esplendor.

-Discreta eres, doncella de la negra crencha, y así me cautivas con tu palabra como con el fuego de tu mirada. ¡Adiós ilusorio ensueño de mi vida! Espera diez días y verás realizado lo que pides. ¡Adiós y no te olvides de tu rey!

***

V. O. nº 3, de pág. 13

Palla-huarcuna

¿Adónde marcha el hijo del Sol con tan numeroso séquito? Tupac-Yupanqui, el *rico en todas las virtudes,* como lo llaman los *haravicus* del Cuzco, va recorriendo en paseo triunfal su vasto imperio, y por dondequiera que pasa se elevan unánimes gritos de bendición. El pueblo aplaude a su soberano, porque él le da prosperidad y dicha.

La victoria ha acompañado a su valiente ejército, y la indómita tribu de los *pachis* se encuentra sometida.

¡Guerrero del *llautu* rojo! Tu cuerpo se ha bañado en la sangre de los enemigos, y las gentes salen a tu paso para admirar tu *bizarría*.

¡Mujer! Abandona la rueca y conduce de la mano a tus pequeñuelos para que aprendan, en los soldados del Inca, a combatir por la patria.

El cóndor de alas gigantescas, herido traidoramente y sin fuerzas ya para cruzar el azul del cielo, ha caído sobre el pico más alto de los Andes, tiñendo la nieve con su sangre. El gran sacerdote, al verlo moribundo, ha dicho que se acerca la ruina del imperio de Manco, y que otras gentes vendrán, en piraguas de alto bordo, a imponerle su religión y sus leyes.

***

V. O. nº 4, de págs. 17-19

Los caballeros de la capa

Amaneció el domingo 26 de junio, y el marqués se levantó preocupado.

A las nueve llamó al alcalde mayor, Juan de Velázquez, y recomendóle que procurase estar al corriente de los planes de los de Chile, y que si barruntaba algo de gravedad, procediese sin más acuerdo a la prisión del caudillo y de sus principales amigos. Velázquez le dió esta respuesta, que las consecuencias revisten de algún chiste:

—Descuide vuestra señoría, que mientras yo tenga en la mano esta vara, ¡juro a Dios que ningún daño le ha de venir!

Contra su costumbre no salió Pizarro a misa, y mandó que se la dijesen en la capilla de palacio.

Parece que Velázquez no guardó, como debía, reserva con la orden del marqués, y habló de ella con el tesorero Alonso Riquelme y algunos otros. Así llegó a noticia de Pedro San Millán, quien se fué a casa de Rada, donde estaban reunidos muchos de los conjurados. Participóles lo que sabía y añadió:

—Tiempo es de proceder, pues si lo dejamos para mañana, hoy nos hacen cuartos.

Mientras los demás se esparcían por la ciudad a llenar diversas comisiones, Juan de Rada, Martín de Bilbao, Diego Méndez, Cristóbal de Sosa, Martín Carrillo, Pedro de San Millán, Juan de Porras, Gómez Pérez, Arbolancha, Narváez y otros, hasta completar diez y nueve conjurados, salieron precipitadamente del callejón de los Clérigos (y no del de Petateros, como cree el vulgo) en dirección a palacio. (...)

Más de quinientas personas, paseantes o que iban a la misa de doce, había a la sazón en la plaza, y permanecieron impasibles mirando el grupo. Algunos maliciosos se limitaron a decir:

-Esos van a matar al marqués o a Picado.

El marqués, gobernador y capitán general del Perú, don Francisco Pizarro, se hallaba en uno de los salones de palacio en tertulia con el obispo electo de Quito, el alcalde Velázquez y hasta quince amigos más, cuando entró un paje gritando:

-Los de Chile vienen a matar al marqués, mi señor.

La confusión fué espantosa. Unos se arrojaron por los corredores al jardín, y otros se descolgaron por las ventanas a la calle, contándose entre los últimos el alcalde Velázquez, que para mejor asirse de la balaustrada se puso entre los dientes la vara de juez. Así no faltaba al juramento que había hecho tres horas antes; visto que si el marqués se hallaba en atrenzos, era porque él no tenía la vara en la mano, sino en la boca.

Pizarro, con la coraza mal ajustada, pues no tuvo espacio para acabarse de armar, la capa terciada a guisa de escudo y su espada en la mano, salió a oponerse a los conjurados, que ya habían muerto a un capitán y herido a tres o cuatro criados. Acompañaban al marqués su hermano uterino Martín de Alcántara, Juan Ortiz de Zárate y dos pajes.

El marqués, a pesar de sus sesenta y cuatro años, se batía con los bríos de la mocedad; y los conjurados no lograban pasar el dintel de una puerta, defendida por Pizarro y sus cuatro compañeros, que lo imitaban en el esfuerzo y coraje.

***

V. O. nº 5, de págs. 22-23

El Demonio de los Andes

Vinieron los días en que el apóstol de las Indias, Bartolomé de las Casas, alcanzó de Carlos V las tan combatidas Ordenanzas en favor de los indios, y cuya ejecución fué encomendada al hombre menos a propósito para implantar reformas. Nos referimos al primer virrey del Perú, Blasco Núñez de Vela. Sabido es que la falta de tino del comisionado exaltó los intereses que la reforma hería, dando pábulo a la gran rebelión de Gonzalo Pizarro.

Carbajal, que presentía el desarrollo de los sucesos, se apresuró a realizar su fortuna para regresar a España. La fatalidad hizo que, por entonces, no hubiese lista nave alguna capaz de emprender tan arriesgada como larga travesía. Las cualidades dominantes en el alma de nuestro héroe eran la gratitud y la lealtad. Muchos vínculos lo unían a los Pizarro, y ellos lo forzaron a representar el segundo papel en las filas rebeldes.

Gonzalo Pizarro, que estimó siempre en mucho el valor y la experiencia del veterano, lo hizo en el acto reconocer del ejército en el carácter de maestre de campo.

Carbajal, que no era tan sólo un soldado valeroso, sino hombre conocedor de la política, dió por entonces a Gonzalo el consejo más oportuno para su comprometida situación: «Pues las cosas os suceden prósperamente -le escribió-, apoderaos una vez del gobierno, y después se hará lo que convenga. No habiéndonos dado Dios la facultad de adivinar, el verdadero modo de acertar es hacer buen corazón y aparejarse para lo que suceda, que las cosas grandes no se emprenden sin gran peligro. Lo mejor es fiar vuestra justificación a las lanzas y arcabuces, pues habéis ido demasiado lejos para esperar favor de la corona.» Pero la educación de Gonzalo y sus hábitos de respeto al soberano ponían coto a su ambición, y nunca osó presentarse en abierta rebeldía contra el rey. Le asustaba el atrevido consejo de Carbajal.

***

V. O. nº 6, de pág. 27

El peje chico

Don Antonio condujo al español a una huaca, escondida en el laberinto de las ruinas, y después de separar grandes piedras que obstruían la entrada, encendió un hachón, penetrando los compadres en un espacio donde se veían hacinados ídolos y objetos de oro macizo.

Garci-Gutiérrez estuvo a punto de enloquecer. Iba de un sitio a otro, reía, lloraba y abrazaba al indio.

En el centro de la sala, y sobre un andamio de plata, había una figura que representaba un pez. El cuerpo era de oro, y los ojos los formaban dos esmeraldas preciosísimas. El español quedó extático contemplando el ídolo.

-Pues todo es tuyo -le dijo don Antonio-; hoy te obsequio la huaca del *Peje chico*. Sé feliz, y si cumples tu juramento, algún día te llevaré a la huaca del *Peje grande*.

***

V. O. nº 7, de págs. 31-32

Don Dimas de la Tijereta

Una noche en que Tijereta quiso levantar el gallo a Visitación, o, lo que es lo mismo, meterse a bravo, ordenóle ella que *pusiese pies en pared,* porque estaba cansada de tener ante los ojos la estampa de la herejía, que a ella y no a otra se asemejaba don Dimas. Mal pergeñado salió éste, y lo negro de su desventura no era para menos, de casa de la muchacha; y andando, andando, y perdido en sus cavilaciones, se encontró, a obra de las doce, al pie del cerrito de las Ramas. Un vientecillo retozón, de esos que andan preñados de romadizos, refrescó un poco su cabeza, y exclamó:

-Para mi santiguada que es trajín el que llevo con esa fregona que la da de honesta y marisabidilla, cuando yo me sé de ella milagros de más calibre que los que reza el *Flos-Sanctorum.* ¡Venga un diablo cualquiera y llévese mi almilla, en cambio del amor de esa caprichosa criatura!

Satanás, que desde los antros más profundos del infierno había escuchado las palabras del plumario, tocó la campanilla, y al reclamo se presentó el diablo Lilit. Por si mis lectores no conocen a este personaje, han de saberse que los demonógrafos, que andan a vueltas y tornas con las *Clavículas* de *Salomón,* libro que leen al resplandor de un carbunclo, afirman que Lilit, diablo de bonita estampa, muy zalamero y decidor, es el correveidile de Su Majestad Infernal.

-Ve, Lilit, al cerro de las Ramas y extiende un contrato con un hombre que allí encontrarás, y que abriga tanto desprecio por su alma que la llama almilla. Concédele cuanto te pida y no te andes con regateos, que ya sabes que no soy tacaño tratándose de una presa.

***

V. O. nº 8, de pág. 37

Con días y ollas venceremos

Pedro Manzanares, mayordomo del señor Luna Pizarro, era un negrito retinto, con toda la lisura criolla de los *budingas* y mataperros de Lima, gran decidor de desvergüenzas, *cantador,* guitarrista y navajero, pero muy leal a su amo y muy mimado por éste. Jamás dejaba de acudir al pregón y pagar un real por una olla de barro; pero al día siguiente volvía a presentarse en la puerta, utensilios en mano, gritando: -Oiga usted, so cholo ladronazo, con sus ollas que se *chirrean toditas...* Ya puede usted cambiarme ésta que se la compré ayer, antes que se la rompa en la *tutuma* para enseñarle a no engañar al marchante. ¡Pedazo de pillo!

El alfarero sonreía como quien desprecia injurias y cambiaba la olla.

Y tanto se repitió la escena de compra y cambio de ollas y el agasajo de palabrotas, soportadas siempre con paciencia por el indio, que el barbero de la esquina, un andaluz muy entrometido, llegó a decir una mañana:

-¡Córcholis! ¡Vaya con el clericuito para cominero! Ni yo, que soy un pobre hacha, hago tanta alharaca por un miserable real. ¡Recórcholis! Oye, *macuito,* las ollas de barro y las *mujeres,* que también son de barro, se toman sin lugar a devolución, y el que se lleva el chasco, ¡contracórcholis!, se mama el dedo meñique, y ni chista ni mista y se aguanta el clavo, sin molestar con gritos y lamentaciones al vecindario.

***

V. O. nº 9, de págs. 39-40

Agua Mansa

Aquella mañana traía el señor ministro los nervios sublevados, cuando le salió al encuentro Mantilla, y cuadrándose militarmente le dijo:

-Dios guarde a usía, mi general.

-¿Qué dice el teniente?

-Señor, el teniente dice que no puede aguantar más miseria, que quiere volverse a Colombia, y ruega a usía que, como paisano y jefe, lo atienda y socorra mandándole dar las cuatro pagas que se le deben, para con ese dinerillo y la superior licencia aviarse y no parar hasta su tierra.

-No hay plata -contestó con sequedad el ministro.

-¿Y cómo vivo yo, mi general?

-¡Qué sé yo! ¡Del aire!

-¿Del aire? -repitió Mantilla como interrogándose a sí mismo.

-Sí, señor, del aire... o échese usted a robar.

-¡Robar! -insistió escandalizado el llanero.

-¿Hablo latín? -repuso amoscado su señoría-. Sí, señor, métase a ladrón, que es un oficio como otro cualquiera.

-¿Sí, eh? Pues con su permiso, mi general.

Y el teniente Mantilla se llevó la mano a la gorra, saludó militarmente, y se marchó a su posada.

***

V. O. nº 10, de pág. 45

Doña Manuela Sáenz (La Libertadora)

Al regresar Bolívar a Colombia quedó en Lima doña Manuela, pero cuando estalló en la división colombiana la revolución encabezada por Bustamante contra la Vitalicia de Bolívar, revolución que halló eco en el Perú entero, la Sáenz penetró disfrazada de hombre en uno de los cuarteles con el propósito de reaccionar un batallón. Frustrado el intento, el nuevo gobierno la intimó que se alejase del país, y doña Manuela se puso en viaje hasta juntarse con Bolívar en Bogotá. Allí Bolívar y su favorita llevaron vida íntima, vida enteramente conyugal, y la sociedad bogotana tuvo que hacerse de la vista gorda ante tamaño escándalo. La dama quiteña habitaba en el palacio de gobierno con su amante.

La Providencia reservaba a la Sáenz el papel de salvadora de la vida del Libertador, pues la noche en que los septembristas invadieron el palacio, doña Manuela obligó a Bolívar a descolgarse por un balcón, y viéndolo ya a salvo en la calle se encaró con los asesinos, deteniéndolos y extraviándolos en sus pesquisas para ganar tiempo y que su amante se alejase del lugar del conflicto.

Tareas • Tareas

Tu diccionario

abdicar ....

abrazar ....

abrigo (el) ....

abrir ....

abusar ....

acabar ....

aceptar ....

acercar(se) ....

achirana (la) ....

acompañar ....

aconsejar ....

activo, a ....

actuar ....

adiós ....

administrar ....

admirar ....

afición (la) ....

agradable ....

agradecer ....

agua (el) (pl: las aguas); aguardiente (el) ....

....

aguantar ....

ahí ....

ahora ....

aire (el) ....

alcalde, -esa (el, la) ....

alcohólico, a ....

alegría (la); alegre ....

....

alfarería (la); alfarero, a (el, la) ....

....

algo; alguien; algún(o), a ....

....

....

allí ....

alma (el) (pl. las almas) ....

almagrista (el, la) ....

almilla (la) ....

alto, a ....

amar; amor (el); amado, a (el, la); amante (el, la) ....

....

....

....

amigo, a (el, la) ....

amo, a (el, la) ....

amplio ....

andaluz, -a (el, la) ....

animado, a ....

antes ....

antiguo, a ....

año (el) ....

aparecer ....

aplaudir ....

apoyo (el) ....

aprender ....

apresar ....

aquel, aquella ....

aquí ....

arena (la) ....

aristocrático, a ....

arma (el) (pl. las armas); armadura (la); armado, a ....

....

....

artesanal ....

asesinar; asesino, a (el, la) ....

así ....

asombrar(se) ....

avaro, a ....

ayudar; ayuda (la); ayudante (el, la) ....

....

....

ayuntamiento (el) ....

bahía (la) ....

bajar ....

balcón (el) ....

banda (la) ....

bando (el) ....

bandolero, a (el, la) ....

baño (el) ....

barato, a ....

barbero, a (el, la) ....

barco (el) ....

barro (el) ....

batalla (la); batallón (el) ....

....

beber ....

bello, a ....

bien; bienvenido, a ....

boca (la) ....

bogotano, a (el, la) ....

bravo, a ....

brusco, a ....

buen(o), a ....

buhonero, a (el, la) ....

Tu diccionario

burla (la) ....

buscar ....

caballo (el); caballero (el) ....

....

cabeza (la) ....

cacique (el) ....

cadáver (el) ....

caer ....

cal (la) ....

calle (la) ....

calor (el) ....

cambiar; cambio (el) ....

....

caminar; camino (el); caminante (el, la) ....

....

....

canal (el) ....

cansado, a ....

cantar; canto (el) ....

....

capa (la) ....

capital (la) ....

capitán, -a (el, la) ....

cara (la) ....

carácter (el) ....

caro, a ....

carta (la) ....

casa (la) ....

casar(se) ....

casi ....

catedral (la) ....

cavidad (la) ....

centro (el) ....

cerca ....

cerro (el) ....

chico, a (el, la) ....

cielo (el) ....

ciudad (la) ....

claro, a ....

clérigo (el) ....

cocinar ....

colgante ....

collar (el) ....

combatir ....

comer ....

como ....

compadre (el) (fem.: la comadre) ....

compañero, a (el, la) ....

comprar; compra (la) ....

....

condenar ....

condición (la) ....

cóndor (el) ....

confirmar ....

conjunto (el) ....

conocer; conocedor, -a ....

....

conquistar; conquista (la); conquistador, -a (el, la) ....

....

constipado (el) ....

contar ....

contento, a ....

contestar ....

contrato (el) ....

convencer ....

convento (el) ....

conversar; conversación (la) ....

....

convertir ....

correcto, a ....

correr; corrida (la) ....

....

cortar ....

cosa (la) ....

costumbre (la) ....

criado, a (el, la) ....

criticar ....

cualquier, -a ....

cuando ....

cuartel (el) ....

cuchillo (el) ....

cuello (el) ....

cumplir ....

dama (la) ....

dar ....

deber ....

decidir ....

decir ....

declarar ....

defender(se); defensa (la) ....

dejar ....

delante ....

delito (el) ....

demonio (el) ....

Tu diccionario

derecho (el) ....
desarrollar(se) ....
descubrir; descubrimiento (el) ....

desnudar(se) ....
después ....
desterrar ....
desvergüenza (la) ....
deuda (la) ....
día (el) ....
diablo, diablesa (el, la) ....
dictar ....
dinero (el) ....
dios, a (el, la) ....
discutir ....
disfrazar(se) ....
disposición (la) ....
distribuir ....
divertir(se) ....
división (la) ....
doble ....
documento (el) ....
dominar ....
domingo (el) ....
dominico, a (el, la) ....
don, doña ....
dueño, a (el, la) ....
dulce (el) ....
durante ....
durar ....
edad (la) ....
elegancia (la) ....
empezar ....
enamorar(se) ....
encadenar ....
encerrar(se) ....
encontrar ....
enemigo, a (el, la) ....
enfermo, a ....
enfrentar(se) ....
entender ....
enterrar ....
entonces ....
entrar ....
entrometido, a ....
época (la) ....
escandalizar(se); escándalo (el) ....

esclavo, a (el, la) ....
escribir; escritor, -a (el, la); escribano, a (el, la) ....

ese, a, o ....
esmeralda (la) ....
espada (la) ....
español, -a (el, la) ....
esperar ....
esposo, a (el, la) ....
estadista (el, la) ....
estalagmita (la) ....
estar ....
este, a ....
estocada (la) ....
estudiar ....
eterno, a ....
exigente ....
expedición (la) ....
familia (la) ....
famoso, a ....
fantasma (el, la) ....
favor (el) ....
felicidad (la); feliz ....

fiel ....
fiesta (la) ....
filtrar(se) ....
fin; final (el) ....

fingir ....
fondo (el) ....
formar; forma (la) ....

fracasar ....
francés, -a (el, la) ....
franciscano, a (el, la) ....
frente; hacer frente a ....

frío (el) ....
fuerza (la) ....
fundar ....
furioso, a ....
fusilar ....
gallo, gallina (el, la) ....
ganar ....
gastar ....
general (el, la) ....

Tu diccionario

Nivel I, hasta 600 entradas en la obra adaptada.

gente (la) ....

gesto (el) ....

gobernar; gobierno (el); gobernador, -a (el, la) ....

....

....

gordo, a ....

gracias (las) ....

gran(de) ....

gritar; grito (el) ....

....

grupo (el) ....

gruta (la) ....

guardar ....

guerra (la) ....

gustar; gusto (el) ....

....

haber ....

habitante (el, la) ....

hablar; hablador, -a ....

....

hacer; hecho (el) ....

....

herido, a ....

hermano, a (el, la) ....

héroe, heroína (el, la) ....

hijo, a (el, la) ....

historia (la); histórico, a ....

....

hombre (el) (fem.: la mujer) ....

honrado, a ....

hora (la) ....

hoy ....

huaca (la) ....

huir ....

humildad (la) ....

húsar (el) ....

iglesia (la) ....

impaciente ....

imperio (el) ....

importar; importante ....

....

imposible ....

impresión (la) ....

incidente (el) ....

incorrecto, a ....

independencia (la); independiente ....

....

indicar ....

indio, a (el, la) ....

inestable ....

infierno (el) ....

influencia (la) ....

inglés, -a (el, la) ....

inmóvil ....

inocente ....

insistir; insistencia (la) ....

....

insulto (el) ....

inteligencia (la); inteligente ....

....

interesante ....

inútil ....

invadir ....

ir ....

irónico, a ....

jefe, a (el, la) ....

joven (el, la) ....

jugar; juego (el) ....

....

juicio (el); (poner en) tela de juicio ....

....

junto ....

justicia (la) ....

juzgar ....

lado (el) ....

ladrón, -a (el, la) ....

latín (el) ....

lavar ....

legal; legalidad (la); legítimo, a ....

....

....

legua (la) ....

ley (la) ....

libertad (la); libertador, -a (el, la); libre; libremente ....

....

....

libro (el) ....

limeño, a (el, la) ....

limpio, a ....

lindo, a ....

listo, a ....

llamar ....

llegar ....

llorar ....

localidad (la) ....

Tu diccionario

loco, a ....

lograr ....

luego ....

lugar (el) ....

maleta (la) ....

malo, a; mal ....

....

mandar ....

manga (la) ....

mano (la) ....

manso, a ....

mañana (la) ....

mar (el, la); marina (la); marino (el, la); marinero, a (el, la)

....

....

....

maravilla (la) ....

marqués, -a (el, la) ....

más ....

matar ....

mayor (el); mayoría (la) ....

....

mayordomo (el, la) ....

mediano, a; medio, a; medio (el) ....

....

....

médico, a (el, la) ....

medida (la) ....

mejor ....

menos ....

mensaje (el); mensajero, a (el, la) ....

....

mes (el) ....

meter ....

miedo (el) ....

militarmente ....

ministerio (el); ministro, a (el, la) ....

....

minuto (el) ....

mirar ....

miseria (la) ....

misionero, a (el, la) ....

mismo, a ....

molestar ....

molino (el) ....

momento (el) ....

moneda (la) ....

monte (el) ....

morir; muerte (la); muerto, a; mortaja (la) ....

....

....

mozo, a (el, la) ....

muchacho, a (el, la) ....

mucho, a ....

mueble (el) ....

mujer (la) ....

mulo, a (el, la) ....

mundo (el) ....

muy ....

nacer ....

nada; nadie ....

....

naturaleza (la); natural; naturalmente ....

....

....

necesario, a ....

negocio (el) ....

negro, a ....

nervioso, a ....

ningún(o), a ....

niño, a (el, la) ....

noble ....

noche (la); anoche ....

....

nombrar; nombre (el) ....

....

notar ....

noticia (la) ....

nuevo, a ....

obedecer ....

objeto (el) ....

obligar ....

obtener ....

ocasión (la) ....

océano (el) ....

ocupado, a ....

ofensa (la) ....

oficial (el, la) ....

ofrecer ....

oír ....

ojo (el) ....

olla (la) ....

Tu diccionario

orador, -a (el, la) ....

ordenar; orden (el); ordenanza (la) ....

....

....

origen (el) ....

oro (el) ....

otro, a ....

paciencia (la) ....

padre (el) (fem.: la madre); padrino (el) (fem.: la madrina)

....

....

pagar ....

país (el) ....

pájaro (el) ....

paje (el, la) ....

palabra (la) ....

palacio (el) ....

pantano (el) ....

papel (el) ....

parar ....

parecer ....

pared (la) ....

pariente, a (el, la) ....

parte (la) ....

pasar; pasado (el) ....

....

pasear ....

pasión (la) ....

patio (el) ....

patria (la); patriota (el, la); patriotismo (el) ....

....

....

pecar ....

pedir ....

pelear; pelea (la) ....

....

pelo (el) ....

pensar ....

pensión (la) ....

perder ....

permiso (el) ....

pero ....

persona (la) ....

pertenecer ....

peso (el) ....

pez (el) ....

picardía (la); pícaro, a (el, la) ....

....

pie (el) ....

pierna (la) ....

pizarrista (el, la) ....

plan (el) ....

plata (la) ....

plato (el) ....

plaza (la) ....

pluma (la) ....

población (la) ....

pobre; pobremente ....

....

poco, a ....

poder; poder (el); poderoso, a ....

....

....

poeta, poetisa (el, la) ....

policía (la) ....

política (la) ....

poner ....

porque ....

portar(se) ....

posesión (la) ....

preferir ....

preguntar ....

premiar ....

prenda (la) ....

preocupación (la); preocupado, a ....

....

preparar ....

presentar ....

presidente, a (el, la) ....

prestar ....

primer(o), a ....

primo, a (el, la) ....

principio (el); principal ....

....

prisión (la); prisionero, a (el, la) ....

....

probar ....

problema (el) ....

profesión (la) ....

pronto ....

protección (la) ....

provincia (la) ....

pueblo (el) ....

puente (el) ....

puerta (la) ....

puerto (el) ....

pues ....

puesto (el) ....

pulmonía (la) ....

punto (el) ....

puñal (el) ....

quedar(se) ....

querer ....

quitar(se) ....

quiteño, a (el, la) ....

quizás ....

rato (el) ....

razón (la) ....

real (el); realista ....

....

rebelar(se) ....

recibir ....

reconocer ....

recordar ....

redondo, a ....

refrescar ....

regalo (el) ....

regar ....

región (la) ....

reglamentar ....

reír ....

relacionar(se) ....

religión (la); religioso, a ....

....

reorganizar ....

repetir ....

reproducir ....

rescate (el) ....

resfriado (el) ....

resistir ....

resolver ....

respetar ....

resto (el) ....

resultado (el) ....

reunir ....

revisar ....

revolución (la); revolucionario, a ....

....

rey, reina (el, la) ....

rico, a; riqueza (la) ....

....

río (el) ....

robar; robo (el) ....

....

roca (la) ....

rodeado, a ....

rojo, a ....

romper ....

rueda (la) ....

ruina (la) ....

saber ....

sacerdote, sacerdotisa (el, la) ....

sagrado, a ....

salir ....

saludar ....

salvador, -a (el, la) ....

san(to), a (el, la) ....

sano, a ....

secretario, a (el, la) ....

secreto, a ....

seducir ....

seguir; seguidor, -a (el, la); siguiente ....

....

segundo, a ....

seguro ....

semana (la) ....

sentido (el) ....

señalar; seña (la); contraseña (la) ....

....

señor, -a (el, la) ....

separar ....

septembrista (el) ....

ser ....

sereno, a ....

servir; servidor, -a (el, la); servidumbre (la); servicial ......

....

....

siempre ....

siglo (el) ....

silla (la); sillón (el) ....

....

simple ....

situación (la) ....

sobrenombre (el) ....

sociedad (la) ....

sol (el) ....

soldado (el, la) ....

solo; sólo ....

Tu diccionario

solución (la) ....
sonreír ....
soportar ....
sorprender ....
sospecha (la) ....
suceso (el) ....
suerte (la) ....
sufrimiento (el) ....
superior ....
suplicar ....
sur (el) ....
también ....
tan; tanto ....
....
tarde (la) ....
tela (la) ....
tema (el) ....
temor (el) ....
tener ....
teniente (el, la) ....
terminar ....
terreno (el) ....
terror (el) ....
tesoro (el); tesorero, a (el, la) ....
....
tiempo (el) ....
tierra (la) ....
timidez (la) ....
tirano, a (el, la) ....
todavía ....
todo, a ....
tomar ....
toro (el) (fem.: la vaca) ....
total; totalmente ....
....
trabajar; trabajo (el); trabajador, -a (el, la) ....
....
....
traer ....
traicionar; traición (la) ....
....
tranquilo, a; tranquilamente ....
....

tratar ....
tribu (la) ....
tribunal (el) ....
tristeza (la); triste ....
....
tuberculosis (la) ....
último, a ....
único, a ....
valor (el); valiente ....
....
vara (la) ....
variable ....
varios, as ....
vecino, a (el, la) ....
vencer : ....
vender; vendedor, -a (el, la) ....
....
venir ....
ver ....
verdad (la); verdadero, a ....
....
verso (el) ....
vestir; vestido (el) ....
....
vez (la) ....
viajar; viajero, a (el, la) ....
....
vicioso, a ....
victoria (la) ....
vida (la) ....
viejo, a (el, la) ....
viento (el) ....
violento, a ....
virrey, virreina (el, la) ....
visitar; visita (la) ....
....
vivir ....
volver ....
ya ....
zona (la) ....

Guía de comprensión lectora.

La gruta de las maravillas

1 ¿Cómo premiaron los dioses el patriotismo de Huacari y de sus capitanes y por qué? ....

....

La achirana del Inca

2 ¿Qué regalo ofreció el Inca Pachacutec en recuerdo de su amor? ....

....

Palla-huarcuna

3 ¿Qué signo anunció la caída del Imperio Inca? ....

....

4 ¿Por qué los habitantes de la región temen ir a Palla-huarcuna por la noche? ....

....

Los caballeros de la capa

5 ¿Quiénes eran los caballeros de la capa y qué acción histórica realizaron? ....

....

El Demonio de los Andes

6 ¿Quién era Francisco de Carbajal y cuál fue su última aventura? ....

....

El pez chico

7 ¿Por qué don Antonio llevó a Garci-Gutiérrez a la huaca del pez chico y qué hizo Garci-Gutiérrez después? ....

....

Don Dimas de la Tijereta

8 ¿Por qué se puede decir que don Dimas de la Tijereta era más pícaro que el mismo diablo? ....

....

Con días y ollas venceremos

9 ¿Qué idea tuvo San Martín para comunicarse con los revolucionarios? ....

....

Agua Mansa

10 ¿Qué nueva profesión tomó el teniente Mantilla y por qué? ....

....

Doña Manuela Sáenz (La Libertadora)

11 ¿Por qué llamaban La Libertadora a doña Manuela? ....

....

Escribe tu ficha RESUMEN

Pág.

Presentación de la colección 3

Vida y obra de Ricardo Palma 4

Obra adaptada 7

La gruta de las maravillas (1180)...................................... 9

La achirana del Inca (1412) 11

Palla-huarcuna (1430).. 13

Los caballeros de la capa (1541)....................................... 15

El Demonio de los Andes (1544-1565) 22

El pez chico (1575) 26

Don Dimas de la Tijereta (1706?) 31

Con días y ollas venceremos (1821) 35

Agua Mansa (1826).. 38

Doña Manuela Sáenz (La Libertadora) (1856) 42

Selección en V.O. 47

Tu diccionario 56

Guía de comprensión lectora 64

Escribe tu ficha Resumen 65